HURRA – ICH BIN

HURRA – ICH BIN

Einladung zur Selbsterkenntnis

Johann Convent

Herstellung und Verlag:
BoD Books on Demand, Norderstedt
Autor: Johann Convent
ISBN: 9783735780546

Jeder Mitmensch definiert sich durch
seine einzigartige Geschichte, durch
sein autobiographisches Ich, und
das ist auch überlebenswichtig.

Doch diese persönliche Vergangenheit
will nicht immer aufgewühlt werden.
Sie möchte in Frieden ruhen und
uns nicht ständig belästigen.

Wir müssen gedanklich nicht immer
vor uns selbst weglaufen, denn in
Wahrheit sind wir nicht das,
was kommt und geht.

Inhaltsangabe

08   Eine herzliche Einladung

09   Das Orakel von Delphi

11   Willkommen im Jetzt

14   Worte und Sprache

17   Raus aus dem Jammertal

20   Rein ins Abenteuer Leben

23   Das Ende der Rationalität

25   Im Fluss des Daseins

Inhaltsangabe

28   Die vollkommene Leere

31   Glückselige Stille

34   Allumfassende Liebe

37   Das mystische Ich

40   Einheit des Himmels

43   Nichts als die Wahrheit

45   Das ewig Göttliche

47   Goldenes Fazit

Eine herzliche Einladung

Nicht jedes menschliche Lebewesen ist so froh wie der Schreiber dieser Zeilen. Viele leiden an unsinnigen Vorstellungen, die der Verstand uns täglich vorgaukelt. Doch wir müssen nicht schwer an der Vergangenheit tragen oder uns Sorgen um die Zukunft machen. Wir dürfen alles loslassen, denn wir können nicht tiefer fallen als in Gottes Hand.

Erst dann kann völlige Ruhe im geistigen Oberstübchen heimkehren, und dieses Büchlein ist ein Versuch, auf das wahre Leben hinzuweisen. Der gesamte Inhalt soll die geschätzte Leserschaft auf das Geheimnis einstimmen, auf dem das Dasein im ewigen Jetzt beruht, und dabei geht es eben auch darum, mystische Aussagen zu deuten wie „Tote zum Leben erwecken" oder „Blinde sehend machen".

Das Orakel von Delphi

Der Überlieferung nach war am Eingang des Tempels von Delphi die Inschrift „Erkenne dich selbst" in Stein gemeißelt. Diese philosophische Weisung deutete seinerzeit auf die Reinigung innerer Konflikte hin. Katharsis sollte schon damals zum inneren Frieden und somit zu einer liebevollen Akzeptanz der sogenannten „Außenwelt" führen.

Auf ein harmonisches Miteinander wies auch Platon in einer Passage des Buches „Der Staat" hin: „Wenn nicht entweder die Philosophen Könige werden oder die, die man heute Könige und Machthaber nennt, echte und gründliche Philosophen, und wenn dies nicht in eines zusammenfällt, so wird es mit dem Elend kein Ende haben, nicht für die Staaten und auch nicht, meine ich, für das menschliche Geschlecht."

Tatsächlich hilft uns die Philosophie wesentlich, wenn es darum geht, uns selbst zu erkennen, denn sie ist durch ihre besondere Herangehensweise ein gutes Lösungsmittel für Fragen wie: Warum existiere ich gerade JETZT? Warum existiere ICH gerade jetzt? Lebt das Ich im Körper oder der Körper im Ich? Gibt es etwas, das immer gleich bleibt? Was bedeutet das Alles?

Die Philosophie hilft uns, wenn wir ergründen wollen, was wir wirklich sind. Wenn wir den herzlichen Wunsch verspüren, alle Illusionen des Lebens zu durchschauen. Wenn wir neugierig deuten möchten, was uns essentiell lebendig macht jenseits von räumlichen und zeitlichen Täuschungen. Erst wenn der Raum geschlossen und die Zeit beendet ist, können wir die kraftvolle Quelle der Existenz verspüren.

Willkommen im Jetzt

Wir bleiben so gerne die Alten, obwohl uns die Keimzelle der Existenz jeden Moment erneuern will. Wir blättern im dunklen Geschichtsbuch zurück, obwohl uns das Sonnenlicht täglich erleuchten möchte. Wir werden empfindungslos uns selbst gegenüber, obwohl es Gottes Wunsch ist, dass wir den heiligen Augenblick vollkommen genießen. Wir fürchten uns vor dem wirklich Neuen und es gelingt uns nicht, unbekümmert und von Herzen froh zu sein. Wir sitzen mit nostalgischer Wehmut im Jammertal, um über Sinnloses zu klagen, obwohl uns die Flügel der Weisheit erheben wollen auf den Berg der Erkenntnis.

Doch es gibt immer wieder wagemutige Menschen, die erkunden wollen, wie die ganze Welt eigentlich funktioniert, und dieses Büchlein soll dazu beitragen. Es denkt nicht nach und soll uns Nichts geben, es flüstert uns nur zu, in den glasklaren Spiegel zu schauen und uns selbst gegenüber zu erkennen: In der Leere liegt die Fülle des Augenblicks und das wahre Leben passiert Jetzt.

Dieses Büchlein ist ein philosophischer Fingerzeig auf die Leere, die Allem zu Grunde liegt, auf die Stille, aus der alle Gedanken kommen und gehen, auf das Leben Selbst jenseits von Geburt und Tod. Gerne verschließen wir vor diesen metaphysischen Aussagen die Augen, daher kann es vorkommen, dass wir bei der Lektüre dieses Büchleins zunächst erschrocken sind. Doch sobald wir den philosophischen Inhalt in seiner ganzen Tragweite erkennen, können wir alle Schranken beseitigen und die Existenz mit wachen Augen bewundern. Die Erleuchtung kann uns wie ein göttlicher Blitz treffen, denn Aufklärung und Erleuchtung gehen bekanntlich Hand in Hand, wenn wir Gehversuche auf dem philosophischen Parkett wagen.

Dafür blickt diese Einladung zur Selbsterkenntnis über den Tellerrand des Ego hinaus. Sie baut tragfähige Brücken über die tiefen Gräben des spirituellen Gespaltenseins, sie ist eine heilsame Orientierung im weltanschaulichen Irrgarten von Raum und Zeit. Sie kommt der Empfindung auf die Schliche, sich mit Allem verbunden zu fühlen, denn die unvorhersehbare Wirklichkeit lässt sich nicht zerstückeln. Das Vorhersehbare ist nicht gegenwärtig und das ewige Jetzt offenbart sich erst, wenn wir nicht mehr suchen. Es hat viel Zeit gekostet, uns fehlzuleiten, doch es kostet überhaupt keine Zeit, um Das zu sein, was wir wirklich sind.

Worte und Sprache

Menschen werden nicht für die Bücher gemacht, Bücher werden für Menschen gemacht. Daher stehen Buchautoren bei dem Thema Selbsterkenntnis immer wieder vor der Quizfrage, ob man gelebte Weisheit überhaupt durch tote Worte vermitteln kann. Denn lange vor dem gutenbergischen Buchdruck waren wir schon Das, was uns Bücher erklären können. Einige Autoren sind der Meinung, dass wir Weisheitsbücher so lange schütteln sollen, bis sämtliche Worte herausfallen. Erst dann können wir klar erkennen, was still und heimlich zwischen den Zeilen ruht. Erst wenn Worte weder gesprochen noch gedacht werden, können wir die Faszination für das Mystische empfinden.

Selbstverständlich brauchen wir für die Entwicklung unserer Intelligenz eine Sprache, denn sie ist Werkzeug des Denkens. Wir können unsere Intelligenz für den globalen Frieden einsetzen, durch unseren Wortschatz einfach kommunizieren und Schriftliches klar niederlegen. Doch dieses intelligente Schätzchen wird auch zu kriegerischen Zwecken missbraucht und selbst bei friedlichen Versammlungen lieblos zur Sprache gebracht. Zum Beispiel wird immer wieder der Satz geäußert: „Wir *kämpfen* für die gute Sache ...". Dabei könnten wir es doch besser formulieren und mitteilen, dass wir uns für eine gute Sache *engagieren*. Das wirkliche Leben ist sehr harmoniebedürftig; es ist ein göttliches Spiel auf dem Olymp und kein teuflischer Kampf im Hades.

Jeder Mensch, der wirklich liebt, kann nicht nachvollziehen, dass immer noch Reden für eine gute Sache geschwungen werden, die mit kriegerischen Vokabeln gewürzt sind. Natürlich müssen wir nicht jedes Wort auf die Goldwaage legen, doch die Benutzung von Worten könnte weniger militant sein. Erst wenn der dicke Eispanzer der lieblosen Wortschöpfungen aufgebrochen ist, kann sich die Ausdrucksform erwärmen, denn eine Sprache ohne Herzlichkeit ist eiskalt. Tatsächlich ist die Errungenschaft der Sprache der Abschied vom herzlichen Gesang des Seins.

Solange die Transformation vom Haben zum Sein nicht vollzogen worden ist, erleiden wir einen Wirklichkeitsverlust und können den Reichtum des Daseins nicht wertschätzen. Solange werden wir von unzähligen Worten genährt, die uns in Schach halten. Erst wenn wir wieder zu uns selbst kommen, sind wir Gewinner eines Schatzes, von dem wir uns nie mehr trennen müssen. Alle Werte steigen aus dieser liebevollen Quelle auf, die uns sprachlos macht.

Raus aus dem Jammertal

Es ist immer wieder erstaunlich, wieviel künstliches Leid erzeugt wird durch Jammern über Lebenssituationen, die wir nicht ändern können oder wollen. Tatsächlich erlernen wir das Wehklagen schon im Kindesalter, wenn es uns im familiären Umfeld vorgelebt wird. Wenn Kinder jammern, wird ihnen Zuwendung zuteil, und dies führt später nicht nur zu dem sogenannten „Krankheitsgewinn" (allgemeine Bezeichnung für objektive oder subjektive Vorteile, die ein Mensch aus seiner Krankheit zieht).

Es ist schon sehr verwunderlich, welche geistigen Blüten diese ungesunden Vorteile querbeet treiben. Vielleicht sind auch Ihnen schon „Leidtragende" begegnet, die mit schwerer Stimme aus dem sorgenvollen Nähkästchen plaudern, obwohl diese Personen finanziell gut abgesichert und ihrem körperlichen Alter entsprechend fit sind. Es ist wirklich zum Mäuse melken, denn selbst Menschen, denen es so prächtig geht, dass sie völlig ausgesorgt hätten, fahren mit ihren Luxuskarossen durch das Jammertal und stimmen in das Klagelied ein. Denn materieller Reichtum, das durfte auch der Autor dieses Büchleins in Erfahrung bringen, macht nicht auf der ganzen Linie glücklich.

Natürlich sollen wir den verbrieften Rechtsanspruch auf Jammern haben, denn es dient der Psychohygiene, doch es impliziert auch, dass wir den Ist-Zustand nicht lebenswerter gestalten wollen. Deshalb sollten wir auch die Nebenwirkungen in Betracht ziehen, und es kann einleuchten, dass es einen erkenntnisreichen Ausweg aus dem irdischen Jammertal gibt.

Wahrhaftig können wir uns über die beschwerlichen Niederungen des Denkens in einen erleichternden Zustand erheben, denn nur der grübelnde Verstand, der gedanklich auf dem schweren Egotrip ist, unterbindet die geistige Klarheit und die kraftvolle Entfaltung des individuellen Potentials.

Erst der herzliche Wunsch nach Freiheit erzeugt eine mächtige Welle, die die Sandburg des Ego wegschwemmt, denn die Natur hat uns frei in die Welt gesetzt. Und dieser klägliche Artikel soll durch die Feststellung beendet werden, dass im jetzigen Moment alles in Ordnung ist, da es nun nicht anders sein kann. Was jedoch nicht bedeutet, dass es keine offene Möglichkeit zur Verbesserung der Lebensqualität gibt.

Rein ins Abenteuer Leben

Wir können Ein für Allemal, ohne Wenn und Aber, eine erkenntnisreiche Lehre aus der persönlichen Vergangenheit ziehen. Wir können einen dicken Strich darunter machen und müssen uns nicht ständig daran erinnern. Der Weg ist das Ziel, und wir können uns selbst Schritt für Schritt näher kommen und den geistigen Horizont erweitern, um das wundervolle Abenteuer zu entdecken, das wir Leben nennen. Wir können die Weichen der Erkenntnis stellen für ein menschliches Dasein, das vollendet und nicht nur beendet werden soll.

Tatsächlich wünschen sich (nicht nur in hektischen Zeiten) viele Mitmenschen einen Zugang zu sich selbst, sie haben das Bedürfnis nach Erkenntnisgewinn. Sie möchten sich völlig frei machen von gedanklichen Vorstellungen, um die Welt so zu sehen, wie sie in Wirklichkeit ist, denn das gemeinsame Stück, das auf der großen Bühne des Lebens gespielt wird, birgt ein wunderschönes Geheimnis. Jenseits der Raumzeit vollzieht sich ein mystisches Zusammenspiel, und mit wachen Augen können wir einen großen Schluck trinken aus dem geheimnisvollen Überfluss der Sinnlichkeit. Jeder Wassertropfen schillert fröhlich, jeder Stein ist voller Leben, und wir können auch den Stuhl erlösen, auf dem wir sitzen. Unglaublich - doch wahrhaftig sieht Alles schöner aus, wenn wir unsere geistigen Vorhänge öffnen, denn die erhabene Schönheit des Geheimnisvollen kann nur durch ein interesseloses Wohlgefallen erkannt werden.

Das wahre Leben kennt kein geistiges Besitztum, das metaphysische Staunen darüber erfordert keine Sachkenntnis, das große Ganze transformiert von ganz allein die Kraft des Geheimnisvollen. Wir können das Alte abschütteln um das

Neue wahr zu nehmen. Wir können das Gestrige loslassen, bis es vom Winde verweht und aus unserem Blickfeld verschwindet. Wir können uns in Seelenruhe dem majestätischen Sein hingeben, das uns nie verlassen hat. Tatsächlich ist ein bewusstes Leben der wichtigste persönliche und gesellschaftliche Wert. Vollkommen bewusst zu leben bedeutet der Intuition den ersten Rang zu überlassen, denn das bewusste Denken ist nur eine Nußschale auf dem riesigen Ozean des Unbewussten. Wenn wir das Bewusstsein erweitern, wird es uns mehr geben, als wir erbitten können.

Das Ende der Rationalität

Die Wissenschaft, das Zugpferd des Fortschritts, hat der Kirche vor vielen Jahren ihre Deutungshoheit abgerungen und erforscht seitdem den Planeten Erde sowie den umgebenden Weltraum. Doch bevor wir immer mehr Wissen anhäufen und weiter in das grenzenlose All eindringen, sollten wir lieber zum irdischen Platz des Friedens reiten. Unsere Welt könnte friedlicher sein, wenn wir von dem gleichen Interesse nach Selbsterkenntnis angetrieben würden, das wir für unsere rationalen Ideologien und Dogmen entfalten.

Wir sind so stolz auf die Rationalität, obwohl menschliches Verhalten nachweislich aus schnellen emotionalen Aktionen entsteht und erst zweitrangig aus langsamen rationalen Entscheidungen. Wahrhaftig verfügt die rationale Grenzkontrolle im Land der Neuronen nur über einen sehr kleinen

Arbeitsbereich, während das gesamte Gehirn viele Millionen Bits pro Sekunde verarbeitet. Intuitives Wissen ist viel tiefgründiger als Wissen, das sich nur auf rationale Überlegungen stützt. Wir können das Füllhorn des Lebens nicht rational, sondern nur intuitiv erfassen, und dafür müssen wir den gedanklichen Dauerauftrag auf der Nebelbank des Scheinwissens kündigen. Der deklarative Fundus aller Fakten hat heutzutage nur noch eine zweifelhafte Halbwertszeit. Nur das Nichtwissen ist über jeden Zweifel erhaben. „Ich weiß es", bedeutet Unwissenheit in der Form von geborgtem Scheinwissen. „Ich weiß es nicht" erfordert die Weisheit, die Alles durch Nichtwissen erkennt.

Im Fluss des Daseins

Wir lernen von Kindesbeinen an, was uns vorgelebt wird; wir haben keine andere Wahl. Wir lernen fortlaufend dazu und speichern dabei auch jede Menge einschüchterndes Scheinwissen ab, das uns eingehämmert wird mit gutgemeinten Sätzen wie: „Du wirst dir weh tun" oder „Das schaffst du sowieso nicht". Und viele von uns haben als Kind auch mehr NEINs als JAs gehört. Durch diese ängstliche Prägung werden wir in der Entwicklung schon früh ausgebremst, schief gewickelt und hinweggetäuscht über unsere kraftvolle Natur.

Doch ganz egal, wie tief die Eindrücke von außen auch gewesen sein mögen, wir müssen den fetten Batzen der erlernten Glaubensmuster, die zu einer beschwerlichen Last werden, nicht lebenslänglich mit uns herumschleppen. Tatsächlich macht das, was wir erlernen, die wahre Qualität des Lebens aus, und um ein erleichterndes Leben zu führen, müssen wir unsere Blickrichtung ändern, denn im Falschen kann es nichts Wahres geben. Wir kommen nicht um die nackte Wahrheit herum, dass Alles, was wir glauben, nicht wahr ist. Wir sind nicht das, was wir glauben zu sein, denn ein Glaube ist das Resultat von Erinnerungen, und alle Erinnerungen sind nicht das, was ist.

Wenn wir beschnuppern wollen, was ist, müssen wir einen mutigen Sprung in den Fluss des Daseins wagen. Alles Leben auf dem blauen Planeten Erde entwickelte sich aus dem Wasser und selbst unser leiblicher Körper besteht zum größten Teil aus Wasser. Wenn wir in den Fluss eintauchen, können wir die Miesmuschel des Ego öffnen und der bedingungslosen Liebe das Ruder überlassen. Dann sind wir nicht mehr abgeschnitten vom göttlichen Humus der Ursprünglichkeit und blühen auf in einer Wirklichkeit, die wir vorher nicht sahen. Dann verspüren wir die Leichtigkeit des

Seins in einem Licht, das nicht von überflüssigen Gedanken verdunkelt ist. Dieser natürliche Flow-Zustand macht uns quicklebendig, und der Fluss des Daseins bietet auch Grund genug, sich an seiner ruhigen Strömung zu erfreuen. Bis zum letzten Atemzug können wir frohgemut im Fluss treiben, denn was wäre die Welt ohne reine Lebensfreude, die ja unser Geburtsrecht ist. Diese Freude arbeitet nicht in der Dunkelkammer des Grübelns, sondern ruht auf dem sonnigen Schiffsdeck der Empfindsamkeit. Dort ermöglicht sie einen geschärften Blick auf die Welt und entfaltet sich trotz der Welt.

Die vollkommene Leere

Wenn wir im materialistischen Weltbild verhaftet sind, kann uns der „Horror vacui", die Furcht vor der Leere der Natur, abschrecken, und wir flüchten uns in Ersatzbefriedigungen. Wir sind im ruhigen Wohnraum und benötigen eine Musiktapete. Wir interpretieren die Muße als Langeweile und füllen die Leere mit Alkohol. Wir ertragen keine leeren Wände und hängen Bilder davor. Uns irritiert ein leeres Regal und wir stellen es voll mit Dekoration. Wir sammeln und horten im Kleiderschrank, was das Zeug hält. Wir klammern uns krampfhaft an Sachen und stellen die Leere mit allen möglichen Dingen voll.

Dabei ist Leere die Grundvoraussetzung jeder in Form gegossenen Materie. Alle materiellen Dinge benötigen für ihre räumliche Ausdehnung die Leere, doch die Leere braucht keine materiellen Dinge. Wahrlich sind Dinge nicht das, was uns wirklich lebendig macht, denn das Leben passiert unbedingt, und wenn wir den gedankenschweren Verstand vollkommen leeren, kann uns die Wirklichkeit Erfüllung geben.

Wir können in der Leere Bekräftigung finden, wir müssen nur die richtige Einstellung haben, denn es kommt im Leben immer auf die Sichtweise an. Ein Diamant ist wertvoll für den Juwelier, doch für den Chemiker ist er nur hoch konzentrierter Kohlenstoff. Wenn wir nach unserer wahren Natur fragen, kann feste Materie nicht die Antwort sein, wir müssen dafür einen viel tieferen Einblick gewinnen. Dann erkennen wir, dass das Einzige, was im Grunde nie verloren geht, die Leere ist.

Wenn wir die physikalische Struktur der Materie mikroskopisch betrachten, können wir den unberechenbaren Tanz der Moleküle bestaunen und erkennen, dass Alles entsteht und vergeht durch den nagenden Zahn der Zeit, und dass innerhalb und außerhalb der Atome gähnende Leere ist. Wir müssen uns nicht vom materialistischen Weltbild verabschieden, doch wir können einsehen, dass die vollkommene Leere sämtliche Wechselwirkungen enthält, die Alles in Erscheinung bringen. Wenn wir klar erkennen, dass sich die Leere einladend mit Allem füllt und dass wir uns darin frei bewegen, können wir in ihr die tiefste Geborgenheit und die höchste Erleichterung finden.

Glückselige Stille

Wenn ein materieller Wunsch befriedigt wird, sind wir zunächst glücklich. Wenn wir genauer hinschauen, erkennen wir, dass es nicht der erfüllte Wunsch ist, der uns wirklich glücklich gemacht hat, sondern der stille Moment der Wunschlosigkeit. Solange wir Glück „haben" wollen, nehmen wir Unglück in Kauf, denn die psychologische Zeit ist eine Behinderung der Glückseligkeit, die nicht erdacht werden muss, sondern in unserem Herz vor Anker liegt.

Das reine Herz erinnert uns gerne an das selbstlose Glück, das wir verspürten, als wir in tiefer Geborgenheit im Mutterleib heranwuchsen. Wir müssen nicht gedanklich in die Ferne schweifen, um das Glück zu finden, denn wahres Glück ist keine Errungenschaft. Wir müssen das Glück nicht wie eine Brille suchen, die wir schon auf der Nase tragen. Jede Minute und jede Sekunde gibt uns die Gelegenheit, dies zur erkennen. Wenn wir im Gestrüpp von Raum und Zeit das wahre Lebenselixier entdecken, wenn wir in der Tiefe des Seins spüren, was wir wirklich sind, können wir immer glücklich sein.

Das Wort „Glück" stammt von „Gelücke" ab und bedeutet ja nur, dass uns etwas gelingt, und eigentlich gelingt uns doch Alles. Jeder Fehler hat im Grunde einen qualitativen Charakter, durch den wir die Chance bekommen, es beim nächsten Mal besser zu machen. Auch jeder Schmerz ist ja nur ein Warnsignal, durch das wir erkennen, dass etwas nicht stimmt. Es liegt an uns selbst, Glück oder Unglück in Allem zu sehen.

Nur das „Ich will" steht der Glückseligkeit, die ohne Ursache in der Ewigkeit ruht, im Weg. Wir können das „Ich" weglassen, das ist Ego. Wir können das „will" weglassen, das ist Verlangen. Erst dann werden wir wunschlos glücklich sein. Wenn uns diese Ruhepause vom Nachdenken geschenkt wird, können wir eine mentale Stille verspüren, über die der gedankenschwere Verstand keine Aussage machen kann.

Das wirkliche Leben ruft uns fröhlich zu, dass wir aufhören sollen zu denken und aufhören sollen, nicht zu denken. Es möchte unser Herz berühren und uns einfach glücklich machen. Wahrhaftig erschallt nur die Stille, wenn wir das laute Gepolter auf den Gedankengängen gründlich untersuchen. Jeden Abend wollen wir in Ruhe im Bett kuscheln, um im nächtlichen Tiefschlaf zur Stille zurückzufinden, die frei von jeder erdenklichen Tonstörung ist.

Allumfassende Liebe

Angst folgt dem wirklichen Leben mit einem unwirklichen Abstand, und diese Distanz wird Vergangenheit genannt. Ängstlichkeit ist auf die Projektion von Erinnerungen zurückzuführen, doch die Gegenwart findet ohne Erinnerungen statt. Auf ängstliche Gedankengänge antwortet das Geheimnis des Lebens mit allumfassender Liebe, nur das Ego macht bei der Entdeckung dieser Liebe einen Vorbehalt: „Finde Sie nicht". Erst wenn wir daran erinnert werden, dass wir als Kleinkind vollkommen Eins waren mit der Welt und dass es irgendetwas zu tun hat mit Gott, kann diese Liebe wieder ins rechte Licht rücken.

Dann können wir die Ängstlichkeit überwinden, denn das Wort „Angst" stammt ab von dem Wort „Enge", und die geistige Erlösung aus der Flasche des Ego offenbart bedingungslose Liebe. Wahrhaftig hat uns die Existenz nicht den Geist der Furcht gegeben, sondern eine heitere Besonnenheit, die das ganze Universum durchdringt, und in diesem liebevollen Licht können ängstliche Feuchtgebiete verdunsten. Tatsächlich können wir bei der bedingungslosen Liebe nicht rational vorgehen; dafür müssen wir unser Herz öffnen. Diese frohe Botschaft können wir auch durch ein Rechenexempel veranschaulichen: 1+1=2 formuliert die zweifelhafte Angst, die an die Dualität gebunden ist. 1+1=1 formuliert die einheitliche Liebe des Herzens.

Die Sonne kann uns lehren, dass wir nicht fürchterliche Beziehungen führen müssen, sondern Alles lieben können. Wenn wir uns von der Sonne abwenden, eilt uns ein ängstlicher Schatten voraus. Wenn wir uns zur Sonne hinwenden, empfängt uns ein liebevolles Licht. Nichts ist so friedlich wie das Wunder

der Liebe, das wir schon verspürten, bevor wir irgendetwas wussten, und je tiefer wir empfinden, desto mehr macht sich diese Liebe bemerkbar.

Diese Liebe ist leicht entflammbar, und wenn wir ihre herzlichen Türflügel weit öffnen, können wir uns über verwirrende Gedanken, bedrängende Horrorbilder und fordernde Wünsche erheben. Dann können wir durch die Liebe verwandelt werden, denn ihre heitere Lebendigkeit versprüht geistige Klarheit. Sie bringt uns über uns Selbst zum Lachen als sichtbares Zeichen der Erlösung. Wenn wir an die wahre Liebe erinnert werden, die vor dem Ich-Gedanken ruht, ist unsere Geburt vollendet.

Das mystische Ich

Es sind erlernte Glaubenssätze, welche verhindern, unser ganzes Potential zu entwickeln. Die Grenzen, die wir ziehen, sind nur als gedankliche Vorstellungen, und diese Einbildungen werden durch anhaltendes Denken in Gang gehalten. Wenn wir die Evolution des Verstandes im menschlichen Großhirn unter die Lupe nehmen, erkennen wir, dass er ein Gedankengebilde formt, welches uns einschnürt und bedrückt. In den ersten Lebensjahren ergreift der Verstand die Macht, setzt einem Ego die Krone auf, und dadurch entsteht die sogenannte Subjekt-Objekt-Spaltung.

Der Gedanke, der das Kind im frühen Entwicklungsstadium das Wort „Ich" sagen lässt, ist die spaltende Axt der Illusion, denn in Wahrheit gibt es keinen Unterschied zwischen dem Inhalt der Welle und dem Inhalt des Ozeans. Wenn wir hinter den Ich-Gedanken blicken, der die Achse des Gedankenkarussells bildet, werden wir überrascht sein, denn dort ruht das mystische Ich. Dieses ICH erkennen wir lupenrein, wenn wir den physischen Körper beobachten, der sich fortlaufend verändert, und gleichzeitig das „ICH", das sich seit unserer Geburt nicht verändert hat. Dieses mystische Ich greift nicht an und kann beileibe nicht angegriffen werden, und das Ego kann sich dieser Individualität hingeben.

Das Allerbeste, was uns passieren kann, ist die Umkehrung vom begrenzten Ego zur grenzenlosen Individualität, denn Individualität bedeutet im wahrsten Sinne des Wortes Unteilbarkeit. Das Samenkorn des Göttlichen ist in jedem Menschen angelegt und kann jederzeit die harte Schale des Ego aufbrechen. In Wahrheit sitzt im Gehirn ja auch kein Menschlein, kein Homunkulus, und wenn wir aus dem Ich-Traum erwachen, verfliegen die sinnlosen Gedanken wie durch Zauberhand. Wenn wir das Ich überall sehen, tritt das persönliche Gedächtnis ganz in den Hintergrund und es erscheint die Identität ohne Vergangenheit - das reine ICH BIN. Diese geistige Klarheit holt die innere Größe aus uns hervor, denn ein Liebhaber ist vollkommen Eins mit dem Symphonieorchester; ein Egozentriker ist nur von dem Klang des eigenen Instruments beindruckt.

Die Einheit des Himmels

Wir sind viel zu sehr auf Einzelwesen fixiert, doch die freie Sicht auf das Leben Selbst erlaubt uns, mit Allem in Verbindung zu sein, denn der Himmel ist außerhalb von uns und der Himmel ist innerhalb von uns. Wir sind in ein himmlisches Spiel eingeflochten und können Alles ganz lassen. Im Grunde ist alles Eins. Nicht meins, nicht deins, EINS. Der jetzige Augenblick ist ein Moment des All-Ein-Seins. Wir sind in der Welt und die Welt ist in uns. Nordpol und Südpol bedingen sich. Was raus geht, kommt rein. Dualität ist Wechselseitigkeit der Symbiose. Wir sind das unzählige Lachen im Wellenspiel des Meeres. Wir sind ein kreativer Impuls im ewigen Gleichlauf des Seins. Wir sind ein Gesamtorganismus.

Wir können uns erkennen ohne Worte, wir können uns einigen, ohne einander erklären zu müssen. Wir können das

Gespür entwickeln, mit allem im Einklang zu sein. Wir sind in einem weltweiten Netzwerk verknüpft, das uns lebendig macht und niemals zerreißen wird. Verständlich im Schubladen-Denken ist das nicht, aber bar jeder gedanklichen Eintrübung zu erkennen. Wenn uns klar wird, dass wir nicht abgeschnitten, sondern Eins mit Allem sind, können die unsinnigen Gedanken nirgendwo mehr hin wandern. Unsere Heimat liegt als unerschöpfliche Quelle im Herzen der Natur und dort können wir zum Beispiel entdecken, wie Bäume über ein riesiges Wurzelwerk miteinander kommunizieren.

Kommunikation ist im Grunde Kommunion. Das wahre Leben ist nicht zerstückelt, und wenn die Vergangenheit bereinigt ist, ist die Geschichte kein Bruchstück der himmlischen Einheit mehr. Sie lädt uns herzlich gerne ein, auf ihrer

Himmelsleiter emporzusteigen; und auf jeder Stufe ist die Hinterfragung und Auflösung der Glaubensmuster das zentrale Anliegen. Diese schwindelfreie Verwandlung vom Haben zum Sein erfordert Wagemut, denn wer nicht wagt, der nicht gewinnt. Jeder Mensch muss die Stufen allein emporsteigen und dies in eigener Verantwortung tun. Es gibt nur eine Erlösung; sie findet zu Lebzeiten statt und gründet auf völliger Selbsterkenntnis.

Nichts als die Wahrheit

Heureka - das wahre Leben will nicht erdacht, sondern erlebt werden! Wir sind weiß Gott nicht quicklebendig, wenn der grübelnde Verstand in gedanklichen Formulierungen herumturnt und uns mit zu vielen Worten belastet. Worte sind viel zu arm, um die süße Frucht der Wahrheit zu genießen, sie sind nur die bitteren Schalen der psychologischen Zeit. Eine Speisekarte stillt nicht den Hunger, der Gedanke an Wasser löscht nicht den Durst – ganz von selbst kommt die köstliche Wahrheit ans Licht.

Wir können diese Wahrheit das sein lassen, was sie ist. Wir müssen uns nicht in sie hineindrängen und wir müssen sie nicht unterbrechen. Wir sollen uns nicht gegen sie erheben, denn gegen Widerstände kann sie sich nicht ins Spiel bringen. Sie umfasst jede Lebenssituation und kann Frieden bringen ohne etwas dafür zu verlangen.

Das Ersetzen der Wirklichkeit durch die Illusion, der Austausch der Ganzheit durch die Fragmente; all das verdunkelt die unumstößliche Wahrheit. Es gibt eine Feuerprobe, durch die wir überprüfen können, ob wir dieser Wahrheit verpflichtet sind: Wenn wir völlig frei von jeder Geistestrübung sind, können wir sicher sein, dass wir die gelebte Weisheit verinnerlicht haben und nicht die Lektionen des Ego.

Das ewig Göttliche

Das Leben Selbst entsteht in diesem Augenblick und kann davon nicht abgehalten werden. Das Leben Selbst vergeht in diesem Augenblick und kann davon nicht abgehalten werden. Diese unerschöpfliche Quelle des Daseins ist unbeschreiblich und für das rationale Denken viel zu groß. Erst wenn etwas passiert, das aus reinem Herzen kommt, gelingt das Wertvollste, denn es gibt nur einen ewigen Wert. Dieser Wert hat einen unvorstellbaren Preis, denn bekanntlich ist das Ganze mehr wert als die Summe der einzelnen Teile.

Dieser ewige Wert ist das Göttliche, das es lange vor dem Gedanken des Göttlichen gab. Gedanken sind nur die verwelkten Blätter vom Baum des Lebens, Gedanken sind nicht seine göttliche Wurzel. Das Göttliche ist weder bekannt noch unbekannt, es ist unkennbar. Ja oder Nein ist die Dualität,

Ja und Nein ist die Einheit und weder Ja noch Nein ist das Göttliche. Das Göttliche ist der geheimnisvolle Grundwert, und das Geheimnis des Lebens ist, zu sterben, bevor wir sterben, so dass es keinen Tod mehr gibt. Wahrhaftig ist der Tod nicht das Gegenteil des Lebens, sondern das Gegenteil der Geburt.

Das Beständige im Leben ist der Wandel, und in dieser reinen Gegenwärtigkeit zu verweilen, ist wunderschön. Die höchste und dennoch einfachste Wahrheit ist, dass es die gleichen ordnenden Kräfte sind, die Alles in Erscheinung bringen, und wir in Wirklichkeit etwas Göttliches sind, das wir nicht erfassen können. Doch es kann uns erfassen.

Goldenes Fazit

Wenn wir das wundervolle Abenteuer des Lebens nicht völlig ausgekostet haben, können wir nichts dazu sagen, doch wenn wir es völlig ausgekostet haben, können wir erst recht nichts dazu sagen. Dann haben wir für einen lichten Augenblick alles vergessen, was wir vergessen können, und verspüren wieder Das, was wir niemals vergessen können. Wenn alle Illusionen aufgelöst sind, können wir auf etwas Ewiges vertrauen, dass wir nicht mit dem Verstand fassen, sondern nur mit dem reinen Herzen verspüren.

Nur das Bauchgefühl kann unser Leben retten, der Verstand ist dafür viel zu langsam, daher sollte er unter die Regie des Herzens gestellt werden. Wenn unser eigenes Licht wieder brennt, müssen wir uns nicht mehr vor den alten Karren der fremden Glaubensmuster spannen lassen. Wenn die Sonne in uns scheint, können selbst die Falten des Älterwerdens unsere natürliche Ausstrahlung nicht verdecken. Wir können jederzeit dieses göttliche Ticket einlösen für die Rückreise zu uns selbst.

Dieses Ticket ist das Wertvollste, und wenn es eingelöst ist, wird die Reise mit innerer Notwendigkeit gelingen. Dann können wir alles intensiver Sehen, Hören, Riechen, Schmecken und Fühlen. Dann können wir von den Dingen unberührt bleiben und wieder im Einklang mit Gott und der Welt sein. Dann können wir uns ans Zeitfenster setzen und das Geheimnis des Lebens bewundern.

Billionen von Geschehnissen mussten so eintreten, wie sie eingetreten sind, um als Mensch geboren zu werden. Mutter Natur hat uns fürsorglich umgeben mit Hilfsmitteln, ohne die menschliches Fortbestehen unmöglich wäre. Und die Sonne durchflutet alles Lebendige mit ihrem Licht aus purem Gold.

Es lohnt sich, zurück ins wahre Leben zu finden. Wenn der Wagemut die Furcht vor der Selbsterkenntnis überwindet, können sich Angst und Selbstzweifel in Liebe und Urvertrauen verwandeln. Dann können sich die gerissenen Saiten der Seele erneuern, die disharmonische Klänge im Weltgefüge verursachen. Dann können wir über uns hinauswachsen, um die höchsten menschlichen Ideale „Weisheit, Schönheit und Herzensgüte" zu verinnerlichen.

Weitere Information zum Autor und seinen bisherigen Buchveröffentlichen befindet sich auf der Website:

www.philosophie-convent.de